sem luz sem lua

QUERIDA DONA LUA

Editora Appris Ltda.
1.ª Edição - Copyright© 2024 da autora
Direitos de Edição Reservados à Editora Appris Ltda.

Nenhuma parte desta obra poderá ser utilizada indevidamente, sem estar de acordo com a Lei nº 9.610/98. Se incorreções forem encontradas, serão de exclusiva responsabilidade de seus organizadores. Foi realizado o Depósito Legal na Fundação Biblioteca Nacional, de acordo com as Leis nos 10.994, de 14/12/2004, e 12.192, de 14/01/2010.

Catalogação na Fonte
Elaborado por: Dayanne Leal Souza
Bibliotecária CRB 9/2162

M149s 2024	Machado, Raissa Sem luz, sem lua: querida dona lua / Raissa Machado. – 1. ed. – Curitiba: Appris, 2024. 33 p. : il. ; 21 cm. ISBN 978-65-250-7134-3 1. Dúvidas. 2. Medo. 3. Coragem. I. Machado, Raissa. II. Título. CDD – B869

Appris _editora_

Editora e Livraria Appris Ltda.
Av. Manoel Ribas, 2265 – Mercês
Curitiba/PR – CEP: 80810-002
Tel. (41) 3156 - 4731
www.editoraappris.com.br

Printed in Brazil
Impresso no Brasil

Raissa Machado

Sem luz sem lua

QUERIDA DONA LUA

Curitiba, PR
2024

FICHA TÉCNICA

EDITORIAL	Augusto V. de A. Coelho
	Sara C. de Andrade Coelho
COMITÊ EDITORIAL	Marli Caetano
	Andréa Barbosa Gouveia (UFPR)
	Edmeire C. Pereira (UFPR)
	Iraneide da Silva (UFC)
	Jacques de Lima Ferreira (UP)
SUPERVISORA EDITORIAL	Renata C. Lopes
PRODUÇÃO EDITORIAL	Bruna Holmen
REVISÃO	José A. Ramos Junior
DIAGRAMAÇÃO	Amélia Lopes
CAPA	Eneo Lage
REVISÃO DE PROVA	Bianca Pechiski

Forever is composed of nows
(Para sempre são feitos de agora)

Emily Dickinson

AGRADECIMENTOS

Gostaria de expressar minha profunda gratidão a todos os envolvidos. Para mim, este pequeno feito tem um grande significado. Me vi buscando por muito tempo algo que me deixasse verdadeiramente feliz, e foi aqui que me encontrei de verdade. No meio do caminho, caminhos se cruzaram, e pessoas fizeram parte e compartilharam essa jornada comigo. É por isso que venho agradecê-las, obrigada por me apoiarem, por me ajudarem a encontrar luz quando tudo que eu via era um túnel sem vida e escuro.

Lucas, Débora, Guilherme, Fábio, Rildo, Xu, e todos da live, agradeço imensamente por todas as risadas, ideias e momentos felizes.

Agradeço a todos que estiveram presente de alma neste projeto, por meio de ideias, citações, ou um simples comentário. Vocês me ajudaram muito, obrigada de verdade.

E não menos importante, quero agradecer a uma garotinha especial. Uma pequena jovem, que se via interessada em crescer, em conhecer e, principalmente, viver.

Obrigada por não ter desistido, mesmo depois de todos os desafios que você enfrentou. Obrigada por continuar sonhando, mesmo quando tudo o que você tinha eram pessoas rindo e ridicularizando os seus sonhos. Obrigada por crescer, por continuar crescendo e, acima de tudo, por nunca ter desistido de ver a vida.

Por fim, agradeço a todos que se interessam na literatura e escrita. Mesmo que não saibam disso, vocês salvam vidas. Obrigada por salvarem a minha.

*Dedicado a todos aqueles que têm arte
como sangue pulsante em seu coração e em sua mente.*

APRESENTAÇÃO

Sem luz, sem lua é um livro com 16 poemas que nos mostram as *nuances* da vida e a liberdade de escolha.

Retrata a mente perdida de um ser humano perdido, tentando buscar a verdade por trás dos seus próprios sentimentos.

Muitos seres nascem com o dom do desinteresse pelos sentimentos. Muitos deles não saberiam responder uma simples pergunta como "o que te faz feliz?".

Este pequeno livro é a descoberta de algo que até então não sabia que precisava descobrir.

Espero que se sintam representados com os sentimentos abordados. Dúvidas, medos, coragem, e vontade de continuar lutando.

Todos nós fazemos parte de um mesmo ciclo. O ciclo daqueles que não param de lutar mesmo já estando no chão.

Este livro é o começo de uma pequena jornada que busco contar, viajando por nossos traumas e medos.

Sejam bem-vindos ao começo de tudo!

PREFÁCIO

Entre ter uma queda livre e um coração alagado, qual você escolheria para representar os seus sentimentos nos dias tristes? Pois bem, nossa querida autora, além de escolher ambos, ainda adicionou outras formas de explorar sentimentos que, na maioria das vezes, não conseguimos distinguir.

O tempo, como vocês sabem, passa muito rápido. Não importa se viveremos 100 anos ou morreremos no próximo segundo. Fato é que nunca conseguiremos fazer tudo aquilo que temos vontade. Quando entendi isso, percebi que estava desperdiçando o que me restava de tempo neste mundo. Me relacionei com pessoas que não acrescentaram nada na minha vida, me comparei com pessoas que estavam em um, aliás, dez patamares acima do meu, e isso acabou com meu psicológico. Demorei bastante tempo para me recuperar e entender que a culpa não era das pessoas, mas minha, por não me esforçar o suficiente e sentir inveja do mérito alheio.

Este livro não foi escrito de forma rasa; muito pelo contrário. É o fruto de várias noites sem dormir, traumas e experiências reais vivenciadas. Na esperança de que seu livro alcance o máximo de corações possíveis, Raissa Machado decidiu se dedicar de corpo e alma à sua escrita. Portanto, sugiro a você, caro leitor, cara leitora, que mergulhe de cabeça nestas páginas e tenha uma profunda viagem pelos seus sentimentos.

Elaborar este prefácio é de uma honra imensurável para mim. Além de ter minha própria experiência lendo e relendo inúmeras vezes este livro, posso dizer a vocês que vale a pena prestar atenção em cada pedacinho escrito, da primeira até a última palavra de cada página. Para mim, uma boa leitura faz toda a diferença na hora de entender o que sinto, e como sempre recorro a *Sem luz*,

sem lua para me acalmar quando estou tenso, procuro algo relacionado a coisas boas, algo que não me deixe sem luz ou sem lua.

13 de agosto de 2024.

Lucas Silva

Editor, programador e amigo da autora

SUMÁRIO

Queda livre...17

Corpo perdido..18

Sou um ônibus novo..19

Ainda não sei...20

Mais um passeio...21

Cuidar de mim..22

O clique da alma...23

Prazer, pouco...24

Tocando a vida...25

Ela é a esperança...26

Em minha morte...27

Já fomos relógios..28

Gato no telhado..29

Coração alagado...30

Gosto de ver o nada..31

Uma vibe boa...32

Queda livre

Vivo em um mundo sombrio e me perco demasiadamente em meio a tanto nada.

Uma escuridão profunda, que se equivale a um precipício sem chão. Mãos e vozes me prendem em uma tentativa escassa de tentar fugir de uma realidade criada por meu subconsciente. Uma voz sofrida, que busca amparo. Que busca expressar-se, como forma de redenção.

Quando me deparo, dedos se entrelaçam em meu corpo. Prendem a minha garganta e me impedem de gritar por socorro. Aos poucos, vejo a queda.

A queda dos sonhos, sendo ofuscados por terceiros que não me deixam seguir o que quero e tenho em meu coração.

A queda da alma, que se reparte em mil pedaços, que foram expostos a todos que a roubaram de mim.

A queda da vida, sendo ela a primeira queda livre.

A primeira que se foi.

A primeira queda que não tem chance de voltar.

Corpo perdido

Os médicos fizeram a autopsia de um corpo. Acharam no fundo de seu ser restos de uma vida gigante. Encontraram em seu sangue moléculas de sabedoria.
Sua pele era quente, daquelas que abraçavam a alma.
Em seus olhos serenos acharam lágrimas geladas.
Entretanto, em seu grande coração, encontraram resquícios de um antigo amor quebrado.
Com o tempo foi costurado, e logo após sua morte, sobraram as marcas da linda maldição.
Foi em vida aquilo que chamam de corpo perdido, que se entregou ao ridículo.
E como todo ser perdido, morreu nas mãos da decepção.

Sou um ônibus novo

Sou um ônibus novo. Daqueles que parecem que saíram de loja.
Todo brilhoso, todo pomposo. Isso tudo o que aparenta quando se olha de fora.
Sou um ônibus novo, mas com defeito por dentro.
Daqueles que fazem barulhos estranhos, indagando se vai ou não funcionar.
Sou um ônibus novo, ou melhor, um velho que parece novo.
Daqueles que precisam ser tirados de linha. Que precisam se cuidar.
Cuidar das rodas desgastadas, por muito andar.
Dos vidros trincados, por manter o interior seguro.
Dos bancos rasgados, separando lugares para descansar.
De todo o ônibus novo, por ter sido o meu escudo do mundo.
Eu sou um ônibus.
Camuflado de novo, aos olhos de outros.
Entretanto, quando se olha de perto,
Não dá pra não notar.

Ainda não sei

A instabilidade. Um mar morto, repleto de sangue. Onde suas ondas trazem e levam seus sonhos sucumbidos. Colocando para fora toda a água que fomos forçados a tomar, em um desespero escondido de trazê-los de volta.

É o interessante caso do desinteresse pela vida vivida. É o olhar profundo que se esvai em prontidão. É olhar o céu e ver a lua, e se sentir bem por tê-la por perto, como sua única confidente leal.

Entregamos o que há de melhor em nós a meros seres que não compreendem o caos.

A dúvida do ser.

A dúvida do saber.

É a dúvida que sempre se faz presente.

Ainda não sei.

Ainda tentei.

E tentarei todos os dias mesmo ela estando aqui.

Mais um passeio

De dentro para fora sinto uma necessidade agoniante de gritar aos quatros ventos o que sinto.

Os faróis e as luzes à frente me impedem de ver além do que já vejo. Em um passeio, viajo em meio aos meus traumas e medos.

Visito eles uma última vez. Visito pra dizer que é o fim.

Chegando em meu destino. Aquele que deixou de ser o passado e se tornou o presente atual.

Percebi que não foi tão ruim quanto imaginei e tinha em meu coração, pois no final de tudo, era um único ponto.

Um ponto que se fez presente e se transformou em diversas vírgulas em uma história contada por outra verão de mim mesma.

Foi um passeio.

Um único passeio que se transformou em descoberta.

A descoberta de quem sou e, principalmente, de quem eu devo deixar para trás.

Cuidar de mim

Por aí, escutava pessoas falando de mim.
Me colocavam em caixas das quais eu nunca pude sair.
Me vendo como inútil a cada minuto. Para eles, a cada segundo.
A liberdade se mostrava distante para mim.
Em processo de transe, a minha alma me visita.
Sussurra em meus ouvidos, cuide-se.
Que nesse grande mundo, monstros estariam à solta e disso eu não poderia fugir.
Mas se em algum lugar de minha alma, arranjo forças para seguir.
Talvez devesse ouvir o conselho.
Talvez devesse cuidar de mim.
Quem sabe um dia, meus sonhos eu possa alcançar.
O amor quem sabe encontrar.
Mas para isso acontecer, voltamos para o começo.
Eu preciso cuidar de mim.

O clique da alma

Capturam cada momento a nossa volta.
Paralisam e eternizam a vida em um único clique.
Sendo elas, câmeras.
Instrumento capaz de nos trazer sentimentos à tona.
Nos permitindo deixar um presente para o futuro próximo.
Aquela que nos permite ver a vida através das lentes.
As mesmas lentes que veem vida em tudo.
Entretanto, assim como as câmeras, os olhos possuem esse dom.
Mas diferente das lentes, o que os olhos veem ficam eternizados na alma.
No coração.
Os olhos se tornaram o clique da alma.
Aqueles que veem tudo.
Que grava a grande imensidão.

Prazer, pouco

Invisível aos olhos de muitos.
Insignificante ao toque de outros.
Quente demais para o frio, e frio demais para o quente.
Sou aquilo que chamam de pouco.
E de repente, de pouco em pouco me tornei muito.
Muito para aqueles que não compreendem o caos.
Demasiado para aqueles que não foram pouco.
Digo para lua que sou muito.
Para as estrelas, digo que sou pouco.
Dona Lua sempre concorda, achando que sou muito
É uma pena, pois para os outros,
Sempre me apresento como pouco.

SEM LUZ, SEM LUA

Tocando a vida

Queria tocar a vida como toco violão.
Cada nota uma melodia.
Cada acorde uma canção.
Vivendo em harmonia até o grande refrão.
Ser feliz a cada acerto.
Aproveitar cada momento.
Ter confiança e segurá-lo em frente à multidão.

Ela é a esperança

Olhar o céu. Ver as estrelas. Sentir a lua. É o tipo de coisa que me faz bem.

As pessoas ao meu redor não entendem tamanha grandeza. Acreditam que é apenas algo banal, sem importância, mas para mim tem um grande significado.

A pequena criança esquecida e rejeitada foi acolhida pela lua e suas fases.

Tornou-se lar. Seu porto seguro. Lugar de descanso. Um lugar para onde sempre poderá retornar.

Contava-te, Dona Lua, sobre aquilo que tinha em meu coração.

Sobre os sonhos delirantes e os desejos perdidos em estradas escuras jamais avistadas por seres comuns.

Sobre as noites frias e geladas trazidas por tempestades que jamais cessavam como aquelas que viviam em minha mente.

Te contava tudo. Principalmente sobre aquele par de olhos castanhos que se encontraram com os meus em uma noite no colegial.

Sobre a vez que senti meu peito queimar como chamas negras que jamais se apagam.

Te contei sobre o meu primeiro amor.

Sobre a minha segunda dor.

Sobre todas as vezes que você me salvou, quando eu mesma já tinha desistido de mim.

Em minha morte

Em minha morte não leve flores para mim, traga-as comigo ainda em vida, para que, assim, eu possa apreciar seu performe.

Não gaste suas lágrimas, não chore. Eu vivi a vida que quis viver, provavelmente morri feliz.

Lembre-se de mim como versos. Como textos.

Como aqueles que não saem da cabeça por mais que tente.

Como aqueles que te fazem ver a vida de forma leve, diferente.

Lembre-se de mim como poesia.

Como a mais bela já feita não por sua escrita perfeita, mas pelo significado e por tudo aquilo que te fez sentir enquanto se lia.

Me veja nas nuvens, com seus desenhos caricatos.

Na natureza, nas árvores, nos galhos.

No vento que sopra.

No ar do planeta.

Eu tive a vida perfeita.

Se tivesse em mãos papel e caneta, nada mais importara.

Já fomos relógios

Sabe o relógio comum?
Aquele mesmo relógio da parede, que parece velho sem uso algum.
Ele já foi funcional um dia.
Na época das pilhas.
Na época em que o preto era o novo azul.
Os ponteiros indicavam o tempo, que se perdia entre os dias e noites de uma vida comum.
A hora passava e não percebíamos.
Quando víamos, já era passado, pois o presente se fazia assim.
Passava rápido que ninguém via ninguém.
A vida era assim.
Em nossa vida já fomos relógios.
Uns bem antigos. Daqueles que não aguentariam ficar grudados na mesma parede por séculos. Daqueles bem velhos, que caíam quando na verdade queriam o seu próprio espaço.
Éramos velhos.
O relógio marcou o nosso tempo, o tempo em que fizemos história.
Deixamos para trás a nossa marca.
Que ficou marcada como a ponta quebrada de um relógio feliz.

Gato no telhado

Por diversas vezes, caí do telhado que eu mesma fazia questão de subir.

Buscava ver as estrelas na noite fria e escura que chamava de lar.

Gostava de ver a lua em cima das casas.

Gostava de cantar para ela como me sentia.

Me sentia feliz estando em sua presença.

Mesmo estando longe, a sentia perto.

Meus olhos refletiam seu brilho.

Suas fases confusas me faziam pensar.

Queria poder visitá-la uma única vez.

Infelizmente a distância nos impede de tornar real esse desejo.

Me sinto como um pequeno gato preto.

Daqueles que miam no telhado.

Miam em prol de serem ouvidos.

Ouvidos por aqueles que aqueçam seu gélido coração.

Coração alagado

A sensação de pertencer àquilo de que em vida descobrimos gostar é uma boa sensação.

O sentimento de preencher uma lacuna que antes era vazia e hoje se torna cheia, completa.

Desenvolve-se em meio a caminhos tortuosos. Enfrentando desafios que não deveriam ser diários. A pequena decisão de decidir o que deve ser feito se torna a grande dúvida, que rodeia nossos pensamentos.

A decisão certeira de olhar para frente, mesmo que signifique ver adiante um cemitério presente, onde nele foram enterrados sonhos despedaçados, de uma alma cheia de vida.

É uma dura batalha do coração.

Percorrer pelo vale da dúvida.

Da incerteza.

Para, quem sabe, mais tarde ter a certeza por onde anda, e por onde irá andar.

Gosto de ver o nada

Olhando através da janela, a mesma esquecida nas casas, vejo um pouco de tudo. Desde pássaros vivendo suas vidas simbólicas para a natureza a uma gente comum se expressando em seus movimentos diários.

Eu gosto de admirar o perdido ou, quem sabe, aquilo que se passa imperceptível a olhos comuns.

Eu gosto de admirar a vida, pois a vida é vida.

E tudo tem vida ao seu redor.

Gosto principalmente de admirar aquilo que chamam de nada.

O pequeno nada, que se torna um pouco de tudo.

Para olhos profundos que veem a alma.

Uma vibe boa

E aqui estamos.
Olhando o céu e admirando os cosmos cintilantes.
O fruto da semente plantada na mente de um mero mortal imortalizou a sua alma.
Deitada na cama em meios a bons pensamentos.
Um novo sentimento descoberto com as descobertas feitas por mim.
Sendo capaz de mudar as perspectivas que me foram apresentadas em vida.
A fome da liberdade libertou o pássaro que antes se via apenas na gaiola enferrujada.
A luz da lua transcendeu os céus me tocando, me fazendo brilhar.
O aroma da vida, pulsando em minhas veias.
Sentimentos novos.
Sensações novas.
Uma vibe nova.
Pela primeira vez.
Querida dona lua, uma vibe boa.